PAR MÉNYSSA CHERIFA-LURON

MENER SA BARQUE

Le Leadership Positif en Moins d'une Heure

Avertissements

Sommaire

Partie 1. Le Leader en Devenir : Sculpter l'Avenir avec Sagesse

Sommaire

Partie 2. Développement et Compétences du Leadership

Sommaire

Partie 3. Pouvoir et Impact Positif

# Introduction

Il était une fois dans une petite ville nichée au cœur de la France, une jeune femme du nom de Claire. Ambitieuse, dotée d'un esprit vif et d'une volonté de fer, Claire incarnait l'image même d'une leader en devenir, sans pourtant en avoir encore conscience. Son parcours, semé d'obstacles et d'opportunités, allait devenir un exemple lumineux de ce que signifie vraiment le leadership dans le monde moderne.

Le leadership, contrairement aux idées reçues, n'est pas une destination mais un périple, une série d'actes, de décisions et d'attitudes qui façonnent, non seulement notre propre vie, mais aussi celle de ceux qui nous entourent.

Dans les chapitres qui suivent, vous ne trouverez pas de recettes miracles ou de raccourcis trompeurs. Au lieu de cela, vous serez invité à contempler le miroir des situations vécues par Claire, à travers lesquelles les principes du leadership vous seront révélés.

Claire n'était pas prédestinée à diriger. Elle n'est pas née avec un sceptre en main, ni avec une influence naturelle sur ceux qui l'entouraient.

Son histoire est celle de la transformation, un cheminement depuis les racines de l'incertitude vers les sommets de l'assurance et de l'impact. À travers ses yeux, vous apprendrez que le leadership se cultive, s'affine et s'exerce avec conscience et détermination.

Ensemble, nous aborderons des thèmes aussi variés que la communication, la gestion des conflits, l'importance de la vision et la force de l'empathie. Vous serez convié à participer activement à ce processus d'apprentissage, via des exercices pratiques qui vous inciteront à réfléchir et à grandir. Des maximes percutantes viendront ponctuer votre lecture, vous offrant des moments de méditation et d'inspiration.

Ce livre se veut un compagnon pour ceux qui aspirent à mener, non par la contrainte, mais par l'exemple; non par la peur, mais par le respect; non par l'ambition personnelle, mais par la passion du bien commun. À travers le récit de Claire, ce roman vous démontrera que chacun d'entre nous possède un potentiel de leader, et que chaque jour offre une nouvelle opportunité de le manifester.

Embarquez donc dans cette aventure à la découverte de vous-même et des secrets du leadership authentique.

Partie 1

Le Leader en Devenir :
Sculpter l'Avenir avec Sagesse

Chapitre 1 : Découverte de Soi

La brume matinale s'élevait doucement au-dessus des pavés luisants de la petite ville de Doulon, les premiers rayons du soleil venant caresser les toits d'ardoise. Claire, le pas décidé, s'avançait vers l'ancienne horlogerie familiale située sur la place principale. C'était là, parmi les rouages et les cadrans, que commençait son histoire, l'histoire d'une jeune femme qui ignorait encore tout du leader qu'elle était destinée à devenir.

« Le leadership commence par la connaissance de soi », telle était la maxime gravée sur le vieux métronome qui trônait sur le comptoir de l'atelier de son père. Ce matin-là, alors que le tic-tac régulier remplissait l'espace, cette phrase interpella Claire plus que d'habitude. Elle se demanda ce qu'elle savait réellement d'elle-même. Était-elle juste l'horlogère compétente que tout le monde croyait connaître ?

La journée s'annonçait semblable à toutes les autres : réparer, ajuster, conseiller. Pourtant, au fond d'elle, un désir de changement commençait à poindre.

Un désir de ne plus simplement suivre le temps, mais de le créer, de l'influencer. Elle ressentait l'appel à être plus qu'une simple roue dans la machinerie de la vie.

Alors qu'elle ouvrait l'échoppe, M. Lefebvre, le boulanger d'à côté, lui adressa son salut quotidien avec un sourire chaleureux. « Toujours à l'heure, Claire ! », s'exclama-t-il en plaisantant. Claire lui rendit son sourire, mais quelque chose avait changé. Ce matin, elle ne voulait pas juste être à l'heure; elle voulait être en avance, anticiper, mener.

L'Éveil

La journée débuta par la visite de Mme. Durant, une cliente régulière, qui apportait une vieille montre à gousset ayant appartenu à son grand-père. « Elle s'est arrêtée, comme figée dans le temps », dit-elle en tendant l'objet précieux à Claire.

En ouvrant délicatement le mécanisme, Claire réfléchit à cette idée : ne sommes-nous pas tous, à un moment de notre vie, figés dans le temps, dans des habitudes, des croyances qui nous empêchent d'avancer ?

« Chaque problème a une solution, il suffit de trouver le bon outil », se dit-elle. Cette montre, c'était un peu comme sa vie. Elle devait trouver l'outil, la clé qui libérerait le mouvement, qui permettrait de remettre les aiguilles en marche.

Le Miroir

En fin de matinée, profitant d'un moment de calme, Claire se leva et s'approcha du vieux miroir qui ornait l'arrière-boutique. Elle se fixa dans le reflet, ses yeux bleus scrutant la profondeur des siens. « Qui suis-je ? Quels sont mes désirs les plus profonds ? Qu'est-ce qui me motive réellement ? », murmura-t-elle.

Elle saisit un morceau de papier et un crayon et commença à lister ses qualités, ses passions, mais aussi ses peurs et ses doutes.

C'était le premier exercice du livre que vous tenez entre vos mains, un exercice qui se veut simple, mais révélateur : le miroir de soi.

1. Devant un miroir, regardez-vous dans les yeux et posez-vous la question : « Qui suis-je ? »
2. Écrivez tout ce qui vous vient à l'esprit : qualités, défauts, passions, peurs.
3. Choisissez trois éléments de cette liste qui définissent votre identité actuelle.
4. Réfléchissez à la manière dont ces éléments influencent votre quotidien.

À travers cet exercice, Claire commença à percevoir les contours flous d'une identité plus grande, plus audacieuse. Une identité qui pourrait un jour inspirer, guider et influencer. Une leader en sommeil, attendant le bon moment pour s'éveiller et prendre sa place.

Comprendre qui on est, ce qu'on désire, et ce qui nous motive est essentiel pour diriger efficacement sa propre vie et influencer celle des autres.

Chapitre 2 : La Vision qui Guide

Le soleil déclinait, jetant ses dernières lueurs sur la ville de Doulon, lorsque Claire ferma son atelier.

La journée avait été longue, mais riche en réflexions. Le travail manuel lui avait toujours permis de méditer sur sa vie, et aujourd'hui plus que jamais, elle sentait le poids de ses pensées comme le tic-tac d'une horloge, régulier et insistant.

En rentrant chez elle, le chemin lui parut différent. Ce n'était plus seulement une succession de pas vers un lieu familier, mais le parcours symbolique vers un avenir qu'elle souhaitait désormais modeler de ses propres mains.

Elle réfléchissait à sa vision, à ce qu'elle voulait vraiment accomplir. Non pas dans les années ou les mois à venir, mais dès demain, dès l'instant où l'aube saluerait à nouveau les toits de Doulon.

Le pouvoir d'une vision claire

Le concept de vision est souvent évoqué dans les traités de leadership, mais combien le comprennent véritablement ?

Une vision n'est pas un rêve éthéré, c'est une image précise de ce que l'on aspire à créer, c'est la boussole qui oriente chaque choix, chaque action.

Claire savait que pour avancer, elle devait définir cette vision. Ce soir, elle ne griffonnerait pas de liste de tâches pour le lendemain.

Elle prendrait une feuille blanche pour y dessiner, en mots et en aspirations, la vision de ce qu'elle désirait devenir, de ce qu'elle voulait que l'horlogerie représente.

Dessiner sa vision

Assise à son bureau, la feuille blanche devant elle, Claire inspira profondément. "Que veux-je ?" se demanda-t-elle. "Qu'est-ce qui me rendrait fière de mon parcours, quel héritage je souhaite laisser ?"

Elle commença par écrire ce qu'elle ne voulait plus : la routine, la satisfaction du strict nécessaire, l'absence de défi.

Puis, elle se concentra sur ce qu'elle voulait vraiment : l'innovation, l'inspiration pour les autres, une communauté soudée autour de son atelier.

1. Prenez une feuille blanche et écrivez en haut : "Ma Vision".
2. Listez ce que vous ne voulez plus dans votre vie professionnelle et personnelle.
3. En face, écrivez ce que vous voulez vraiment réaliser et vivre.
4. Pour chaque point, notez une action concrète que vous pourriez entreprendre pour vous en rapprocher.

Cette soirée fut le tournant où Claire décida de ne plus laisser le hasard dessiner sa vie. Elle tracerait elle-même les contours de son avenir.

Sans une vision claire, nos efforts et nos actions peuvent manquer de direction et de sens.

Chapitre 3 : L'Art de la Persévérance

Les premières lueurs de l'aube se glissaient à travers les volets entrouverts de la chambre de Claire. Elle se réveilla avec la douce conscience d'un nouveau départ, les images de sa vision encore imprimées dans son esprit. Aujourd'hui serait différent. Aujourd'hui, elle commencerait à transformer sa vision en réalité.

L'épreuve du premier pas

Claire savait que le chemin devant elle serait pavé de défis. La persévérance n'était pas seulement une qualité souhaitable, mais une nécessité absolue. Comme elle se préparait pour la journée, elle se remémorait une citation de Samuel Beckett qu'elle avait lue autrefois : "Essayer. Échouer. Échouer encore. Échouer mieux."

Avec détermination, elle se rendit à l'atelier plus tôt que d'habitude, décidée à mettre en pratique le premier élément de sa vision : innover dans son art d'horlogerie.

Elle commença par réorganiser son espace de travail pour refléter cette nouvelle orientation.

Le cycle de l'effort et de l'évaluation

Tandis que les heures s'écoulaient, les premiers obstacles surgirent. Un mécanisme particulièrement récalcitrant testa sa patience. Mais Claire restait inébranlable, se rappelant que chaque échec était une étape vers la maîtrise.

Elle prit le temps de réfléchir après chaque difficulté, évaluant ce qui avait fonctionné et ce qui n'avait pas. Cet exercice d'introspection lui permit d'affiner ses techniques et d'accueillir chaque nouvelle tentative avec une approche améliorée.

1. Face à un échec, prenez un moment pour respirer et centrer vos pensées.
2. Notez ce qui a conduit à l'échec et les émotions ressenties.
3. Réfléchissez à ce que vous pouvez apprendre de cette expérience.
4. Planifiez votre prochaine tentative avec ces leçons en tête.

Claire finit par triompher du mécanisme qui lui avait donné tant de fil à retordre.

La satisfaction qu'elle en tira ne venait pas seulement de la réussite, mais de la connaissance qu'elle avait persévéré.

Les rêves et les visions nécessitent une poursuite active et continue pour se concrétiser.

Chapitre 4 : La Synergie des Relations

La journée avait été longue pour Claire, ses mains se mouvaient avec la précision d'une horloge, mais son esprit était ailleurs. Elle avait réussi à réparer des mécanismes complexes, et pourtant, un sentiment de solitude l'envahissait.

C'est dans le silence de l'atelier qu'elle prit conscience d'une vérité : le leadership n'est pas une route que l'on parcourt seul. Pour faire avancer l'horlogerie, elle avait besoin de créer des liens, de bâtir des relations solides.

Le Réseau Comme Ressource

Claire sortit de sa réserve habituelle et décida d'inviter M. Lefebvre, le boulanger, pour discuter de la façon dont ils pourraient s'entraider à dynamiser leurs affaires.

La conversation fut un échange d'idées fructueux et un premier pas vers un partenariat local.

Elle réalisa que chaque personne qu'elle rencontrait pouvait devenir un allié potentiel, un membre de son équipe dans sa mission de leadership. Les relations n'étaient pas des distractions ou des obligations, mais des composantes essentielles de son succès.

Réseau de Soutien

Inspirée par cette révélation, Claire prit une carte de la ville et commença à identifier les personnes et les entreprises avec lesquelles elle pourrait collaborer.

Elle écrivit à côté de chaque nom comment elle pouvait apporter de la valeur à ces relations et comment elles pourraient l'aider en retour.

1. Dressez une carte de votre réseau actuel, y compris amis, famille, collègues et connaissances professionnelles.
2. À côté de chaque nom, notez comment vous pourriez soutenir cette personne dans ses objectifs.
3. Réfléchissez à comment chaque personne pourrait vous aider à avancer vers votre vision.
4. Initiez une conversation avec au moins une personne de ce réseau cette semaine pour explorer les possibilités de soutien mutuel.

En regardant la carte de son réseau étalée devant elle, Claire laissa échapper un sourire satisfait. Chaque nom, chaque connexion, chaque lien tracé était le reflet d'une histoire, d'un échange, d'un potentiel. Dans la trame de ces interactions, elle voyait se dessiner un tableau bien plus grand que la somme de ses parties individuelles.

Chaque relation, pensa-t-elle, était comme un fil d'or tissant le tapis de son parcours en tant que leader.

Certaines rencontres avaient été prévues, d'autres étaient le fruit du hasard, mais toutes avaient contribué à enrichir son expérience et à élargir sa perspective. Comme dans un tissage méticuleux, chaque fil ajoutait de la texture, de la couleur, et de la profondeur à l'ensemble.

Elle réalisa alors que le leadership n'était pas une aventure solitaire. C'était un voyage fait d'innombrables rencontres, chacune apportant son lot de sagesse, de soutien et d'opportunités.

Dans ce réseau interconnecté, Claire trouvait non seulement des ressources et des soutiens pour son atelier, mais aussi pour sa croissance personnelle en tant que leader.

Avec cette pensée, Claire se sentit encouragée et inspirée. Elle savait que chaque nouvelle relation qu'elle tisserait à l'avenir contribuerait encore plus à l'ampleur et à la beauté de ce tapis, sur lequel elle avancerait avec assurance et détermination.

Le succès d'un leader est souvent lié à sa capacité à travailler avec les autres et à établir des relations de soutien mutuel.

Chapitre 5 : La Force de l'Adaptabilité

Alors que Claire ouvrait les volets de l'horlogerie ce matin-là, elle fut accueillie par un vent frais porteur de changement. Le marché sur la place s'animait différemment : les étals habituels avaient laissé place à une foire artisanale.

C'était inattendu, mais au lieu de s'inquiéter de la concurrence potentielle, Claire y vit une opportunité.

Embrasser le Changement

Elle décida spontanément de créer un petit stand devant son magasin pour présenter ses montres les plus élégantes et les mécanismes qu'elle avait elle-même réparés. C'était une déviation de sa routine, un petit saut dans l'inconnu qui requérait d'être à l'aise avec l'incertitude.

Le succès ne fut pas immédiat, mais Claire ne se laissa pas démonter. Elle ajusta son offre, discuta avec les passants, recueillit leurs impressions et adapta sa présentation.

L'Adaptabilité

Ce nouveau contexte lui permit de réfléchir à la manière dont elle réagissait au changement.

Elle prit un moment pour noter les stratégies qu'elle avait mises en place pour s'adapter à cette nouvelle situation et comment elle pourrait les appliquer à d'autres aspects de sa vie.

1. Identifiez un changement récent dans votre environnement ou votre routine.
2. Notez vos premières réactions et comment vous avez géré la situation.
3. Réfléchissez à des stratégies qui auraient pu rendre cette transition plus fluide.
4. Engagez-vous à appliquer ces stratégies la prochaine fois que vous serez confronté à un changement.

En fin de journée, Claire rangeait son stand, satisfaite des nouvelles connexions qu'elle avait établies et des leçons qu'elle avait apprises.

Pour Claire, l'adaptabilité n'était pas seulement une compétence utile ; c'était une nécessité absolue dans le monde en perpétuelle évolution de l'entreprise. Elle avait appris que rester figée dans ses méthodes ou ses idées pouvait conduire à l'obsolescence, tandis que l'embrassement du changement était synonyme de croissance et d'opportunités.

Dans son atelier, l'adaptabilité se manifestait de diverses manières. Elle impliquait d'être à l'écoute des tendances du marché, d'être réceptive aux feedbacks des clients et de l'équipe, et de rester flexible dans ses stratégies et ses plans. Claire avait également compris que l'adaptabilité signifiait parfois abandonner des idées anciennes ou confortables pour en explorer de nouvelles, même si cela sortait de sa zone de confort.

Il est essentiel de percevoir le changement non pas comme un obstacle, mais comme une chance de croissance et d'innovation.

Chapitre 6 : La Sérénité dans le Leadership

Claire se tenait devant sa fenêtre, observant le crépuscule qui peignait de couleurs pastel le ciel de Doulon. La journée avait été un tourbillon d'activités, d'interactions et de décisions.

Alors que la nuit tombait, un calme s'installait en elle, une sérénité face à l'agitation du jour. Elle comprenait maintenant que le leadership exigeait non seulement de l'action, mais aussi de la réflexion et du calme.

Trouver le Calme dans la Tempête

La vie d'un leader peut souvent ressembler à une mer agitée. Claire avait appris qu'il était crucial de trouver des moments de calme pour penser clairement et maintenir un cap cohérent.

Sérénité

Elle avait développé des rituels pour se recentrer : une promenade quotidienne, un moment de lecture, et maintenant, une méditation nocturne.

Claire sortit son journal, un compagnon devenu précieux dans son parcours de leader. Elle y consignait ses pensées, ses succès, ses doutes, et les moments de gratitude.

1. Chaque soir, prenez un moment pour vous asseoir tranquillement et réfléchir à votre journée.
2. Notez les moments où vous vous êtes senti en paix et ce qui a contribué à cette sérénité.
3. Écrivez également les moments de stress et ce que vous pourriez faire différemment.
4. Engagez-vous à reproduire les actions qui ont mené à la sérénité et à ajuster celles qui ont causé le stress.

Alors que la pénombre enveloppait doucement son atelier, Claire ferma son journal, un sourire paisible éclairant son visage. Elle réfléchissait à l'importance de la sérénité dans son rôle de leader, une qualité qui avait brillé tout au long de sa journée.

Pour Claire, la sérénité ne signifiait pas l'absence de défis ou de stress, mais la capacité à rester calme et concentrée malgré eux. Elle comprenait que le monde de l'entreprise, avec ses fluctuations et ses imprévus, pouvait facilement submerger un leader. Cependant, en cultivant la sérénité, elle trouvait la force de rester ancrée, d'affronter les situations avec une clarté d'esprit et une détermination sans faille.

Claire pratiquait des techniques de gestion du stress comme la méditation, la réflexion et la respiration consciente, non seulement pour son propre bien-être, mais aussi pour être un modèle de stabilité et de résilience pour son équipe.

Même dans l'agitation, un leader doit trouver des moments de calme pour réfléchir et se ressourcer.

Chapitre 7 : L'Équilibre Entre Fermeté et Douceur

La lueur de l'aube n'avait pas encore percé la brume lorsque Claire s'installa à son établi.

La journée précédente lui avait enseigné la valeur de la sérénité, mais aujourd'hui, elle serait confrontée à une leçon différente : trouver l'équilibre entre fermeté et douceur dans son leadership.

L'Importance de l'Équilibre

Un client régulier était venu avec une requête inhabituelle, demandant à Claire de dépasser ses limites habituelles de service.

Claire sentait que si elle cédait, elle se surmènerait, mais refuser pourrait signifier perdre un client précieux. Elle prit une profonde respiration, rassemblant sa résolution.

Avec une voix calme mais ferme, elle expliqua ses limites et proposa une alternative qui respectait son temps et répondait aux besoins du client. C'était un acte d'équilibre délicat, une danse entre l'assertivité et l'empathie.

L'équilibre

Plus tard, dans la quiétude de son atelier, Claire réfléchit à l'interaction. Elle reconnut qu'une partie de son leadership consistait à savoir quand dire non, et à le faire avec respect. Elle décida de rédiger des lignes directrices pour l'avenir sur comment gérer de telles situations.

1. Réfléchissez à une situation récente où vous avez dû être ferme.
2. Évaluez comment vous avez géré la situation : la communication était-elle claire et respectueuse ?
3. Notez les domaines où vous pourriez améliorer votre approche.
4. Développez une stratégie pour maintenir l'équilibre entre fermeté et douceur dans les interactions futures.

Alors qu'elle polissait délicatement le verre d'une montre ancienne, les réflexions de Claire se dirigèrent vers la manière dont elle avait géré les interactions avec son équipe, les clients, et même avec elle-même.

Elle s'était tenue fermement sur ses principes et ses valeurs, défendant ses idées et dirigeant avec assurance. Pourtant, dans le même temps, elle avait fait preuve d'une grande écoute, empathisant avec les préoccupations et les besoins de ceux qui l'entouraient.

Cette dualité, elle le réalisait, était au cœur de son rôle de leader. La fermeté sans empathie pouvait mener à la rigidité et à l'isolement, tandis que la douceur sans résolution pouvait conduire à un manque de direction et de respect. Trouver l'équilibre était essentiel.

Un leader doit savoir établir et maintenir des limites saines avec clarté et fermeté.

Chapitre 8 : La Responsabilité du Leader

Ce matin-là, Claire était confrontée à une situation délicate : une erreur avait été commise dans une commande importante et le temps pressait pour la rectifier.

En tant que propriétaire de l'atelier, la responsabilité reposait entièrement sur ses épaules. Elle ressentit le poids de cette responsabilité, mais aussi la détermination à la porter dignement.

Assumer ses Erreurs

Claire savait que la première étape vers la résolution du problème était de l'accepter sans détour. Elle contacta immédiatement le client pour expliquer la situation, sans chercher d'excuses.

Elle proposa des solutions concrètes et assura que des mesures seraient prises pour éviter que cela ne se reproduise.

La conversation fut difficile, mais Claire géra l'échange avec intégrité et assurance, prouvant ainsi sa fiabilité en tant que leader.

Responsabilité

Suite à un incident impliquant une commande erronée, Claire, après avoir raccroché le téléphone, s'assit tranquillement pour réfléchir à la situation. C'était un moment crucial pour elle en tant que leader, un moment pour reconnaître l'importance fondamentale de la responsabilité dans la gestion de son entreprise.

1. **Réfléchissez à un moment où vous avez dû assumer la responsabilité d'une erreur.**
2. **Analysez comment vous avez géré la situation et ce que vous avez appris.**
3. **Déterminez des mesures concrètes pour prévenir des incidents similaires à l'avenir.**
4. **Engagez-vous à agir de manière responsable et à mettre en œuvre ces mesures.**

Dans cet esprit, Claire élabora un système de vérification plus rigoureux pour les commandes, assurant ainsi un contrôle de qualité plus strict à chaque étape du processus. Elle comprit que cette étape supplémentaire était essentielle pour maintenir la confiance de ses clients et la crédibilité de son entreprise.

Claire affirmait son engagement envers l'excellence et la responsabilité. Pour elle, être responsable signifiait plus que simplement résoudre des problèmes ; c'était une question de leadership proactif.Elle voulait instaurer une culture d'entreprise où la responsabilité était valorisée, encouragée et partagée par tous.

La responsabilité implique un engagement continu envers la qualité, la transparence et l'amélioration constante.

Chapitre 9 : La Célébration du Progrès

Les rayons matinaux baignaient l'atelier de Claire dans une douce lumière dorée. Elle s'arrêta un instant pour apprécier la scène, réalisant combien chaque petit détail reflétait le chemin parcouru.

Aujourd'hui, elle ne réparerait pas seulement des montres ; elle prendrait le temps de célébrer les progrès accomplis, tant dans son entreprise que dans son développement en tant que leader.

Reconnaître Chaque Victoire

Claire avait appris qu'en tant que leader, il était aussi important de reconnaître les succès que de gérer les défis. Elle avait décidé d'instaurer une tradition mensuelle : une journée consacrée à la réflexion sur les objectifs atteints, les leçons apprises et les progrès réalisés.

C'était un moment pour elle de se féliciter, de remercier son équipe, et de renforcer la culture de l'appréciation au sein de son atelier.

Célébration

Avec un sentiment de gratitude, Claire dressa un tableau où elle inscrivit les réussites du mois. Elle nota à côté de chaque succès les efforts qui avaient conduit à ces résultats et réfléchit à la manière de les reproduire et de les amplifier.

1. **Prenez une feuille de papier et notez tous les succès et progrès du mois écoulé.**
2. **À côté de chaque succès, indiquez les actions spécifiques qui y ont mené.**
3. **Réfléchissez à ce que ces succès signifient pour vous et votre équipe.**
4. **Planifiez une petite célébration ou un moment de reconnaissance, même pour les plus petites victoires.**

Pour chaque réussite notée, Claire prenait le temps de réfléchir aux efforts déployés pour atteindre ces résultats. Elle reconnaissait que derrière chaque succès, il y avait des heures de travail acharné, de la créativité, de la persévérance et souvent, une volonté de surmonter les défis. En mettant en évidence ces efforts, elle voulait non seulement reconnaître le travail bien fait, mais aussi identifier les stratégies et les processus qui avaient mené à ces succès.

L'initiative de Claire d'inscrire les succès sur un tableau visible pour tous symbolisait son approche du leadership : un leadership qui valorise la reconnaissance, encourage la croissance continue et célèbre chaque étape du voyage. Pour elle, reconnaître et célébrer le progrès était aussi important que de fixer des objectifs et de relever des défis.

La reconnaissance des efforts et des succès est un élément clé pour bâtir une équipe solide, motivée et orientée vers l'atteinte de résultats encore plus grands

Chapitre 10 : L'Élan vers l'Avenir

La boutique de Claire rayonnait de l'énergie positive accumulée au fil des célébrations de la veille. Aujourd'hui, elle se tournait vers l'avenir avec un nouveau chapitre à écrire, des objectifs à définir et des rêves à réaliser.

Elle comprenait que le leadership n'était pas seulement un parcours vers un sommet, mais une ascension continue, où chaque sommet atteint révèle un horizon plus vaste.

Définir les Objectifs Futurs

Avec les progrès de l'atelier et de son équipe solidement ancrés dans le présent, Claire s'attela à la tâche de tracer la route pour les mois à venir.

Elle sortit une carte et commença à y tracer les objectifs à long terme, à la fois ambitieux et réalistes, qui guideraient ses actions et celles de son équipe.

Projection dans l'Avenir

En prévision de cette nouvelle phase, Claire organisa une session de brainstorming avec son équipe, où chacun put partager ses idées pour l'avenir de l'atelier. Ensemble, ils construisirent une vision collective, tenant compte de la diversité de leurs perspectives.

1. **Prenez une feuille de papier et notez où vous voulez être dans un an, dans cinq ans et dans dix ans.**
2. **Identifiez les objectifs clés qui vous aideront à y arriver.**
3. **Pensez aux ressources nécessaires pour atteindre ces objectifs.**
4. **Partagez ces ambitions avec votre équipe ou vos proches et réfléchissez à la manière de les réaliser ensemble.**

En fin de journée, Claire se tenait devant la fenêtre de son atelier, contemplant le chemin parcouru et celui à venir.

Elle sourit, une maxime lui venant naturellement, un adage qu'elle partagerait avec son équipe le lendemain : "Le leadership est une quête sans fin, où chaque sommet conquis n'est qu'une étape vers de nouveaux mondes à explorer."

Se fixer des objectifs clairs pour l'avenir donne une direction et un sens aux actions quotidiennes

Partie 2

Développement et Compétences du Leadership

Chapitre 11 : La Communication Assertive

Dans la petite ville de Doulon, le marché du samedi était en pleine effervescence. Les stands colorés, les cris des marchands et les odeurs de produits frais se mêlaient en une joyeuse cacophonie. Parmi la foule, Claire avançait avec un but précis en tête. Aujourd'hui, elle mettrait en pratique une compétence cruciale : la communication assertive.

Claire avait toujours été d'une nature conciliante, préférant éviter les conflits et faire des compromis, même au détriment de ses propres intérêts.

Mais récemment, elle avait pris conscience de l'importance de s'affirmer. Être assertif, elle l'avait appris, ne signifiait pas être agressif ou dominateur. Au contraire, c'était l'art de s'exprimer clairement et avec assurance, tout en respectant les opinions et les besoins des autres.

Le Pouvoir des Mots

En approchant du premier stand, Claire se remémorait les principes de la communication assertive qu'elle avait étudiés. Elle savait qu'il était essentiel de maintenir un contact visuel, d'utiliser un ton de voix ferme mais calme, et de formuler ses demandes de manière directe mais respectueuse.

Lorsqu'elle commença à discuter avec le marchand, elle veilla à exprimer clairement ses besoins et ses limites sans minimiser ni exagérer. "J'apprécie vraiment la qualité de vos fournitures, mais mon budget est limité. Serait-il possible de discuter d'un prix qui serait avantageux pour nous deux ?" demanda-t-elle, en gardant une posture ouverte et un ton amical.

Le marchand, habitué aux négociations, respecta sa franchise et ils trouvèrent rapidement un accord mutuellement bénéfique. Claire se sentit encouragée par cette interaction réussie. Elle avait réussi à s'affirmer sans compromettre la relation commerciale, une compétence essentielle pour toute leader.

Affirmation de Soi

De retour à l'atelier, inspirée par ses succès du matin, Claire organisa une séance de formation avec son équipe sur la communication assertive. Ils pratiquèrent ensemble à travers des jeux de rôle, apprenant à exprimer leurs idées et à défendre leurs positions avec assurance.

1. Pensez à une situation récente où vous avez eu du mal à vous exprimer. Notez ce qui a rendu la situation difficile.
2. Écrivez ce que vous auriez aimé dire, en utilisant "je" pour exprimer clairement vos pensées et sentiments.
3. Avec un collègue ou un ami, pratiquez la conversation en mettant en avant votre point de vue assertif.
4. Demandez un retour sur votre manière de communiquer et notez les points à améliorer.

Après la séance, Claire s'assit pour noter les progrès réalisés par son équipe et par elle-même. Une maxime lui vint à l'esprit, une qui résumerait l'essence de ce qu'elle avait appris : "La communication assertive est la clé qui ouvre les portes de la compréhension mutuelle, assurant que chaque voix soit entendue et chaque cœur respecté."

Communiquer avec assertivité est un acte d'équilibre entre l'expression de soi et la considération pour les autres.

Chapitre 12 : La Gestion du Temps et des Priorités

Avec l'aube venait le tintement des cloches de l'église de Doulon, annonçant le début d'une nouvelle journée.

Claire, se préparant pour l'ouverture de son atelier, était plongée dans une profonde réflexion sur la gestion de son temps. Elle avait pris conscience que pour concrétiser sa vision, maîtriser l'art de la gestion du temps et des priorités était essentiel.

Elle avait appris que la gestion efficace du temps ne se limitait pas à la création de listes de tâches ou au respect strict d'un agenda.

C'était plutôt une question d'établir des priorités claires et de faire des choix conscients sur la manière dont elle utilisait chaque heure de sa journée. Elle savait que chaque moment consacré à une tâche devait l'emmener un pas de plus vers ses objectifs à long terme.

Claire avait toujours été travailleuse, mais elle réalisait maintenant que travailler dur n'était pas synonyme de travailler intelligemment. Elle prit le temps d'analyser comment elle dépensait son temps et décida de mettre en place des systèmes pour maximiser son efficacité.

Maîtriser son Agenda

En ouvrant son agenda, Claire a commencé par identifier ses objectifs principaux pour la semaine. Elle a ensuite divisé ces objectifs en tâches plus petites et gérables, s'assurant qu'elles étaient non seulement réalisables, mais aussi alignées avec sa vision globale. Elle a ensuite attribué un temps spécifique à chaque tâche, en veillant à laisser des périodes de repos pour éviter l'épuisement.

Pour Claire, la gestion du temps incluait également la délégation. Elle reconnaissait que certaines tâches pouvaient être mieux exécutées par d'autres, libérant ainsi son temps pour se concentrer sur les aspects de son travail qui nécessitaient ses compétences uniques. Cette prise de conscience a été un tournant, lui permettant de travailler plus efficacement tout en favorisant le développement des compétences de son équipe.

Priorisation

Pour mettre de l'ordre dans ses tâches, Claire introduisit une nouvelle routine matinale : la planification de sa journée avec une méthode de priorisation. Elle définissait les tâches urgentes et importantes et s'assurait de leur allouer des blocs de temps ininterrompus.

1. Listez toutes les tâches que vous devez effectuer dans la semaine.
2. Utilisez la matrice d'Eisenhower pour les classer en quatre catégories : urgent et important, important mais non urgent, urgent mais non important, et ni urgent ni important.
3. Planifiez vos journées en allouant du temps en priorité aux tâches urgentes et importantes.
4. Réservez des moments pour les tâches importantes mais non urgentes, et déléguez ou éliminez les autres tâches autant que possible.

En fin de journée, Claire se sentait plus accomplie que jamais. Elle avait fait un pas significatif vers une meilleure productivité et satisfaction personnelle. Les moments qu'elle avait consacrés à chaque tâche avaient porté leurs fruits, lui donnant l'occasion de formuler une maxime : "La gestion du temps est l'art de peindre sa journée avec les couleurs de l'efficacité, transformant chaque heure en un chef-d'œuvre de productivité."

La gestion efficace du temps et des priorités n'est pas seulement une question d'organisation, mais une compétence essentielle pour un leadership épanoui.

Chapitre 13 : La Décision et l'Action

L'aurore, avec ses nuances de pourpre et d'or, se déployait majestueusement sur le ciel de Doulon, enveloppant la ville d'une lueur naissante.

Dans cet instant de calme et de beauté, Claire poussa la porte de son atelier, prête à embrasser un rôle bien au-delà de celui d'horlogère. Aujourd'hui, elle serait une stratège, prête à prendre des décisions cruciales pour l'avenir de son entreprise

Les expériences et les leçons des jours précédents l'avaient conduite à ce moment pivot, un point où la réflexion devait céder la place à l'action. Claire savait que la capacité à prendre des décisions éclairées et à agir en conséquence était l'essence même du leadership efficace. Elle comprenait que chaque décision avait le potentiel de façonner non seulement l'avenir de son atelier, mais aussi sa propre trajectoire en tant que leader.

La Prise de Décision Éclairée

Claire étudiait les dossiers éparpillés sur son bureau – des propositions de partenariat, des opportunités d'expansion, des offres d'innovation technologique. Chacun de ces documents était une porte vers un futur possible, et c'était à elle de choisir laquelle ouvrir.

Les possibilités semblaient infinies et intimidantes, mais elle se rappela un principe de leadership essentiel : décider, c'est avancer.

L'Analyse des Opportunités

Elle entreprit une analyse SWOT (Forces, Faiblesses, Opportunités, Menaces) pour chaque option. Claire savait que comprendre ses forces et reconnaître ses faiblesses était vital pour toute leader avisée. Les opportunités devaient être saisies, et les menaces, bien gérées, pouvaient se transformer en challenges stimulants.

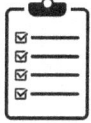

1. **Dressez une liste de toutes les options disponibles pour une décision importante.**
2. **Pour chaque option, notez les avantages, les inconvénients, les risques et les bénéfices potentiels.**
3. **Évaluez chaque option en fonction de critères préétablis qui correspondent à vos objectifs à long terme.**
4. **Prenez une décision et établissez un plan d'action clair pour la mise en œuvre.**

En fin de journée, Claire prit un moment pour contempler le chemin parcouru. Elle inscrivit dans son journal : "La décision est le point de jonction entre réflexion et action ; c'est le lieu où le courage rencontre la prudence, où l'intuition s'allie à la raison."

Les décisions ne doivent pas être prises à la légère, mais une fois prises, elles doivent être suivies d'actions résolues.

Chapitre 14 : La Créativité et la Résolution de Problèmes

L'atelier de Claire était un carrefour d'innovation et de créativité. Chaque recoin, chaque outil, chaque montre racontait une histoire de passion et d'ingéniosité.

C'était un lieu où l'innovation n'était pas seulement dans le produit final, mais infusée dans chaque aspect du processus créatif, du design des montres à l'agencement astucieux de l'espace de travail.

Aujourd'hui, Claire avait décidé de mettre un accent particulier sur la créativité, non seulement dans la conception de ses montres mais aussi dans sa gestion des problèmes quotidiens. Elle savait que la résolution créative de problèmes n'était pas une capacité innée, mais plutôt une compétence qui pouvait être développée et affinée avec de la pratique et de la réflexion.

Pour Claire, la résolution créative de problèmes impliquait de regarder au-delà des solutions évidentes et traditionnelles. Elle encourageait son équipe à penser "hors des sentiers battus", à expérimenter de nouvelles approches, même si elles semblaient au premier abord inhabituelles ou risquées. Elle avait appris que de grandes idées pouvaient émerger de la remise en question des normes et de l'exploration de perspectives différentes.

Cultiver l'Innovation

L'atelier avait un problème récurrent avec l'approvisionnement en pièces rares. La solution traditionnelle était d'attendre les fournisseurs habituels, mais Claire envisageait une approche différente. Elle organisa une session de brainstorming axée sur l'innovation.

Après des heures de débat créatif, ils prirent la décision audacieuse de combiner plusieurs idées : ils collaboreraient avec des artisans locaux et investiraient dans une petite imprimante 3D pour prototyper des pièces sur mesure. C'était une synergie parfaite entre tradition et modernité.

La Synthèse Créative

Claire élabora un plan pour intégrer ces nouvelles méthodes dans leur flux de travail. Des ateliers de formation furent organisés, des partenariats furent noués, et l'atelier commença à prendre une allure nouvelle, plus moderne et plus innovante.

1. **Dressez une liste de toutes les solutions créatives envisageables. Pour chaque solution, notez les avantages, les inconvénients, les risques et les bénéfices potentiels.**
2. **Évaluez chaque solution en fonction de critères qui correspondent à vos objectifs à long terme, tels que la faisabilité, l'impact, la durabilité et l'alignement avec les valeurs de l'entreprise.**
3. **Sélectionnez la solution qui répond le mieux aux critères établis. Assurez-vous que cette décision est prise avec la contribution et le consensus de l'équipe.**
4. **Développez un plan d'action détaillé pour la mise en œuvre de la solution choisie, y compris les étapes spécifiques, les responsabilités assignées et les échéances.**

Le soir venu, Claire, épuisée mais satisfaite, nota dans son journal : "La créativité dans la résolution de problèmes transforme les obstacles en marches vers l'excellence, chaque défi est une toile pour notre imagination."

Les solutions les plus innovantes émergent souvent de la combinaison d'idées diverses et de la volonté de remettre en question le statu quo.

Chapitre 15 : La Durabilité et l'Éthique

La journée de Claire commença sous le signe d'un dilemme professionnel. Un fournisseur lui proposait des pièces à un coût avantageux, mais la provenance de ces pièces soulevait des questions éthiques.

Claire, confrontée à ce choix, se rappelait pourquoi elle avait toujours mis la durabilité et l'éthique au centre de ses valeurs d'entreprise. C'était plus qu'une décision commerciale ; c'était une question de principes.

Pour Claire, l'intégrité de son atelier et la responsabilité envers sa communauté et l'environnement étaient primordiales. Elle savait que chaque choix qu'elle faisait avait un impact, non seulement sur son entreprise mais aussi sur le monde extérieur. La tentation de réduire les coûts était certes alléchante, surtout dans un marché compétitif, mais Claire était fermement résolue à ne pas compromettre ses valeurs.

L'Engagement Éthique

Elle prit le temps de réfléchir à l'offre du fournisseur, pesant les avantages à court terme contre les conséquences à long terme. Claire savait que l'adoption de pratiques durables et éthiques était souvent un chemin plus difficile et coûteux, mais elle croyait fermement que c'était le bon choix, tant pour son entreprise que pour la société.

Claire réunit son équipe pour discuter de l'offre. Ensemble, ils examinèrent l'impact à long terme de cette décision, pesant les économies immédiates contre les valeurs de leur atelier. La décision fut unanime : ils refuseraient l'offre.

Durabilité

Désireuse d'ancrer encore plus profondément ces valeurs dans la culture de l'entreprise, Claire initia un audit de durabilité pour identifier d'autres domaines où l'atelier pourrait améliorer ses pratiques.

1. Examinez les pratiques actuelles de votre entreprise pour identifier les domaines à améliorer en termes de durabilité.
2. Recherchez des alternatives durables pour les matériaux, les processus et la chaîne d'approvisionnement.
3. Élaborez un plan pour intégrer ces solutions durables dans les opérations quotidiennes de l'entreprise.
4. Mettez en place un système de suivi pour évaluer l'efficacité des nouvelles pratiques et les ajuster si nécessaire.

En fin de compte, Claire était convaincue d'avoir fait le bon choix. En s'engageant vers la durabilité, elle n'investissait pas seulement dans l'avenir de son atelier, mais dans celui de la planète.

Prendre des décisions éthiques, même lorsqu'elles sont difficiles, est fondamental pour un leadership authentique.

Chapitre 16 : L'Apprentissage Continu et le Développement

Dans la tranquillité de son atelier en fin de journée, Claire était plongée dans un livre sur les dernières tendances en matière de leadership et de gestion du temps.

Ce moment de calme lui offrait l'espace parfait pour se consacrer à son développement personnel, un aspect qu'elle considérait comme essentiel à sa croissance en tant que leader et horlogère.

Pour Claire, l'apprentissage continu était la pierre angulaire de l'évolution, tant sur le plan personnel que professionnel. Elle croyait fermement que rester à jour avec les nouvelles connaissances et compétences était crucial non seulement pour son développement personnel, mais aussi pour maintenir son entreprise au premier plan de l'industrie horlogère.

La Soif d'Apprendre

Elle avait encouragé cette même soif de connaissance chez ses employés, en mettant en place des ateliers de formation et en les incitant à rechercher des opportunités d'apprentissage. Claire comprenait que pour rester pertinente et offrir le meilleur service, l'entreprise devait évoluer avec son temps.

Elle avait lu sur les leaders qui avaient réussi à naviguer à travers des périodes de turbulence, et elle aspirait à faire de même. Claire savait que la gestion du changement ne consistait pas seulement à réagir aux tendances, mais à les anticiper et à les guider.

Développement des Compétences

Dans un monde où la technologie et les tendances évoluaient à une vitesse vertigineuse, elle savait que l'adaptabilité et la volonté d'apprendre étaient des qualités indispensables. Claire comprenait que pour rester pertinente et compétitive, elle devait embrasser les changements, y compris dans le domaine traditionnel de l'horlogerie.

1. Chaque membre de l'équipe évalue ses compétences actuelles et identifie les domaines où il souhaite se développer.
2. Définissez des objectifs de développement à court et à long terme en fonction des évaluations personnelles.
3. Recherchez des ressources telles que cours en ligne, ateliers, webinaires ou conférences qui peuvent aider à atteindre ces objectifs.
4. Établissez des réunions régulières pour discuter des progrès, des défis rencontrés et des succès dans l'apprentissage.

Après avoir mis en place les premières étapes de ce programme, Claire se sentait revitalisée. Elle était convaincue que l'investissement dans l'apprentissage et le développement était essentiel.

L'apprentissage continu et le développement souligne l'importance d'une croissance personnelle et professionnelle constante

Chapitre 17 : Le Bien-être et la Santé Mentale

Comme chaque fin de mois, l'atelier de Claire scintillait d'une atmosphère particulière. C'était le moment choisi pour la cérémonie de reconnaissance, une tradition que Claire avait instaurée pour célébrer les succès et efforts de son équipe.

Elle savait que la reconnaissance était plus qu'un simple merci ; c'était une affirmation de la valeur de chacun et un moteur de motivation.

Après la cérémonie de reconnaissance, une conversation avec un membre de l'équipe qui traversait une période difficile rappela à Claire l'importance du bien-être et de la santé mentale. Elle décida d'agir pour garantir que son atelier soit un espace où non seulement les compétences professionnelles prospèrent, mais où le bien-être de chacun est également cultivé.

Instaurer un Environnement de Soutien

Claire commença à rechercher des moyens de soutenir activement la santé mentale de son équipe. Elle introduisit des pauses bien-être dans la journée de travail et organisa des séances avec un conseiller professionnel pour ceux qui en exprimaient le besoin.

Soutien au Bien-être

1. Organisez des ateliers pour sensibiliser à l'importance de la santé mentale et du bien-être au travail.
2. Introduisez des séances de formation sur des techniques de gestion du stress, comme la méditation ou la pleine conscience.

1. **Créez des espaces sécurisés où les employés peuvent parler ouvertement de leurs préoccupations et recevoir du soutien.**
2. **Mettez en place des programmes de soutien, tels que des lignes d'assistance téléphonique pour le bien-être et des partenariats avec des professionnels de la santé mentale.**

Dans la tranquillité de ce moment, elle griffonnait dans son journal : "Prendre soin de la santé mentale est comme entretenir l'horloge la plus délicate ; c'est un travail précis et essentiel qui assure la continuité du temps et de la vie." Cette métaphore, tirée de son expertise en horlogerie, illustrait parfaitement sa conviction que la santé mentale était un élément fondamental de l'équilibre de la vie, nécessitant attention et soin continus.

Prendre soin de sa santé mentale n'est pas un luxe, mais une nécessité.

Chapitre 18 : La Vision Globale et l'Impact Sociétal

L'expansion récente de l'atelier de Claire et la multiplication de ses contacts avaient eu un effet révélateur sur sa perception de l'entreprise. Elle commençait à voir au-delà des réussites commerciales immédiates, envisageant un impact beaucoup plus large et significatif.

C'était une prise de conscience que son entreprise pouvait être un véhicule pour le bien commun, et pas seulement un moyen de réussite individuelle.

Claire ne se contentait plus de penser en termes de profit et de croissance. Elle réfléchissait désormais à la façon dont son succès pouvait être mis au service de la communauté. Elle envisageait comment chaque aspect de son entreprise, de la production à la vente, pouvait être aligné sur des principes éthiques et durables, et comment elle pourrait utiliser ses ressources et son influence pour soutenir des initiatives bénéfiques pour la société.

Impact au-delà de l'Atelier

En s'engageant dans cette nouvelle direction, Claire commença à intégrer des pratiques responsables dans son entreprise.

Elle explorait des moyens de réduire l'empreinte écologique de son atelier, de soutenir des projets locaux de développement durable, et d'offrir des opportunités de formation et d'emploi à des personnes en situation de désavantage.

Elle comprenait que chaque décision, grande ou petite, avait le potentiel d'affecter non seulement son entreprise, mais aussi la communauté et l'environnement dans lesquels elle opérait.

L'Engagement Communautaire

Elle lança une initiative pour que l'atelier prenne part à des projets de développement local. Cela commencerait par des ateliers d'horlogerie gratuits pour les jeunes, inspirant la prochaine génération de créateurs et d'artisans. Claire savait que pour que ces initiatives soient fructueuses, elle et son équipe devaient être authentiquement impliqués.

1. **Brainstorming pour générer des idées sur la manière dont l'entreprise peut contribuer positivement à la communauté.**
2. **Choisissez les idées les plus réalisables et planifiez des projets concrets qui alignent les compétences de l'atelier avec les besoins de la communauté.**
3. **Identifiez et collaborez avec des organisations locales pour renforcer l'impact des projets.**
4. **Mettez en place des indicateurs pour mesurer l'impact des initiatives et assurez-vous qu'elles produisent des bénéfices tangibles.**

Après le premier atelier d'horlogerie pour les jeunes, Claire se sentit plus connectée à sa mission que jamais. Le véritable succès ne se mesure pas seulement en termes de bénéfices ou d'accomplissements personnels, mais aussi par la capacité à avoir un impact positif sur la communauté et le monde.

Le leadership efficace s'accompagne d'une responsabilité envers la société et l'environnement,

Chapitre 19 : Le Mentorat et le Coaching

Dans l'atmosphère paisible de l'après-midi, la lumière tamisée baignait l'atelier de Claire, créant une scène presque méditative. Observant ses horlogers concentrés à leurs établis, elle se laissait transporter par ses souvenirs.

Elle se rappelait avec une certaine nostalgie ses propres débuts, une époque où chaque mouvement de ses mains était soigneusement guidé par un mentor, à la fois patient et perspicace.

L'Art de Guider

Claire avait toujours vu le mentorat et le coaching comme des piliers de la croissance personnelle et professionnelle. Elle savait que les compétences s'affinent non seulement par la pratique, mais aussi par l'orientation et le soutien constants d'un guide avisé.

Transmission des Connaissances

Pour renforcer cette tradition de transmission dans son atelier, Claire instaura un programme formel où l'expérience se partageait et le savoir-faire se transmettait de manière structurée.

1. Associez chaque nouveau venu ou employé cherchant à se perfectionner avec un mentor ou un coach expérimenté au sein de l'atelier.
2. Planifiez des sessions régulières de mentorat et de coaching où les objectifs d'apprentissage sont définis et suivis de manière personnalisée.
3. Organisez des ateliers périodiques pour développer des compétences spécifiques, en les adaptant aux besoins évolutifs de l'équipe.
4. Mettez en place un système de feedback où les mentors et les apprentis peuvent échanger sur les progrès, les défis et les réalisations.

À la fin de la journée, Claire prit le temps de noter les progrès réalisés par chaque paire mentor-apprenti. Elle savait que ces relations allaient au-delà de l'enseignement technique ; elles forgeaient la confiance et la persévérance. Elle nota dans son journal : "Le mentorat est la trame sur laquelle se tisse le tissu de notre métier, chaque fil de connaissance renforce le motif de notre héritage commun."

Satisfaite, Claire éteignit les lumières de l'atelier. Elle était convaincue que le programme de mentorat et de coaching qu'elle avait mis en place serait l'un de ses plus grands héritages, une source continue d'enrichissement pour son équipe et pour l'art de l'horlogerie elle-même.

Guider et à soutenir ses employés reflète une compréhension profonde que le succès d'une entreprise repose sur le bien-être et la croissance de chaque membre de son équipe.

Chapitre 20 : La Clôture et la Réflexion

Le crépuscule s'installait doucement, drapant l'atelier de Claire dans une atmosphère paisible et réfléchie. C'était le moment que Claire chérissait chaque jour, une période dédiée à la réflexion, une routine de fin de journée qu'elle avait cultivée au fil du temps.

Assise à son bureau, entourée des outils de son métier et bercée par les échos des réalisations passées, elle se laissait emporter par ses pensées.

La Réflexion Comme Outil de Croissance

C'était un moment pour Claire de regarder en arrière, de considérer les succès et les échecs, les décisions prises et les leçons apprises. Chaque expérience était un fil dans le tissu complexe de son développement en tant que leader et entrepreneur.

Pour Claire, ces moments de réflexion n'étaient pas seulement un exercice de contemplation personnelle, mais une opportunité d'évaluer le chemin parcouru, tant individuellement que collectivement. Elle pensait aux défis surmontés, aux leçons apprises, et aux succès célébrés. Chaque souvenir, chaque expérience était un fil tissé dans le riche tapis de son parcours de leader.

Ce soir, en particulier, elle réfléchissait aux progrès remarquables réalisés par son équipe. Chaque membre avait grandi, non seulement en compétences, mais aussi en confiance et en engagement. Elle se sentait fière de leur développement, reconnaissant son rôle dans leur évolution, tout en appréciant profondément leur contribution à la réussite de l'atelier.

Claire savait que cette pratique de réflexion était cruciale pour son développement continu en tant que leader. Elle lui permettait de prendre du recul, d'apprécier les victoires, d'apprendre des erreurs et de planifier l'avenir avec une perspective plus claire et renouvelée. C'était un moment pour réaligner ses objectifs personnels et professionnels avec les valeurs et la vision de son entreprise.

Réflexion Personnelle

Pour formaliser ce processus, Claire développa un exercice de réflexion personnelle, destiné à être pratiqué régulièrement par chaque membre de son équipe.

1. Encouragez votre équipe à tenir un journal pour noter leurs réflexions quotidiennes sur le travail et les interactions personnelles.
2. Utilisez des questions guidées pour orienter la réflexion, comme "Qu'ai-je appris aujourd'hui ?" ou "Comment puis-je améliorer mon approche ?"
3. Organisez des sessions hebdomadaires où l'équipe peut partager des insights ou des moments de révélation.
4. À partir de ces réflexions, établissez des plans d'action personnels pour appliquer les leçons apprises.

Ce chapitre sur la clôture et la réflexion met en lumière l'importance de prendre le temps de s'arrêter et de regarder en arrière, de reconnaître et de célébrer le chemin parcouru.

Claire montre que la réflexion est un outil puissant pour un leader, permettant non seulement un développement personnel, mais aussi une compréhension plus profonde des dynamiques de son équipe et de son entreprise. Cette pratique régulière de la réflexion aide à forger un leadership éclairé, empathique et stratégique, essentiel pour naviguer dans les eaux complexes du monde professionnel moderne.

> La réflexion quotidienne est une clé essentielle au leadership, permettant une prise de conscience et un alignement continu entre actions, valeurs et objectifs personnels et professionnels.

Partie 3

Pouvoir et Impact Positif

Chapitre 21 : La Maîtrise du Pouvoir Intérieur

Dans la quiétude matinale de l'atelier, avant que les premiers bruits de la journée ne commencent, Claire se tenait en contemplation devant le vieux métronome qui avait jadis appartenu à son grand-père.

C'était un moment de calme introspection pour elle, un temps pour réfléchir sur la notion du pouvoir intérieur, cette force tranquille et inébranlable qui l'avait guidée à travers les moments de doute, les défis et les triomphes.

La Découverte du Pouvoir Intérieur

Claire avait toujours su qu'elle possédait une force intérieure, mais ce n'est que récemment qu'elle avait commencé à comprendre comment la canaliser. Elle avait appris à écouter son intuition, à faire confiance à son jugement et à prendre des décisions audacieuses qui avaient transformé son atelier.

Elle reconnaissait que ce n'était pas les éloges extérieurs ou les accomplissements tangibles qui constituaient la véritable essence de son leadership, mais plutôt cette source intérieure de force et de conviction. Ce pouvoir intérieur, elle le percevait comme un mélange de confiance en soi, de persévérance, d'intuition et de résilience, un alliage qui avait formé le socle de sa personnalité en tant que leader.

Pour Claire, maîtriser ce pouvoir intérieur impliquait un travail constant d'auto-réflexion, d'auto-compassion et de développement personnel. Elle comprenait que nourrir son monde intérieur était aussi important que de gérer les aspects extérieurs de son entreprise. Elle avait appris à écouter sa voix intérieure, à lui faire confiance, et à l'utiliser comme boussole dans ses décisions et ses interactions.

Cette reconnaissance de son pouvoir intérieur l'avait aidée à traverser des périodes de turbulences sans perdre sa vision ou son éthique. Claire savait que sa capacité à rester centrée et fidèle à ses valeurs dans les moments difficiles était ce qui inspirait réellement son équipe et renforçait son impact en tant que leader.

Empowerment

Pour aider son équipe à découvrir leur propre pouvoir intérieur, Claire décida d'organiser un atelier d'empowerment.

1. Encouragez votre équipe à commencer la journée par un moment de méditation ou de réflexion pour se connecter avec leur force intérieure.
2. Demandez à chaque membre de l'équipe de tenir un journal de leurs succès quotidiens, grands ou petits, pour prendre conscience de leur propre efficacité et de leur impact.
3. Introduisez la pratique des affirmations positives pour renforcer la confiance en soi et le sentiment d'auto-efficacité.
4. Organisez des séances où les membres de l'équipe partagent des histoires sur des moments où ils ont senti qu'ils utilisaient leur pouvoir intérieur de manière positive.

Alors que le métronome cliquetait doucement, marquant le rythme de ses pensées, Claire comprit que la maîtrise de ce pouvoir intérieur était essentielle pour tout leader. Comme pour tout leader aspirant, reconnaître et maîtriser ce pouvoir intérieur est essentiel pour naviguer avec succès dans le voyage du leadership.

Le pouvoir intérieur est la lumière qui éclaire le chemin du leader, une boussole silencieuse qui guide à travers les tempêtes de l'incertitude

Chapitre 22 : Le Pouvoir de l'Intention Positive

Le lever du soleil avait toujours été le moment favori de Claire. Aujourd'hui, alors qu'elle regardait les premières lueurs du jour illuminer son atelier, elle méditait sur la puissance de l'intention.

Elle avait appris que chaque action guidée par une intention positive pouvait avoir un impact profond, bien au-delà de l'atelier et de ses montres.

Cultiver des Intentions Positives

Claire se remémorait les moments où ses meilleures intentions avaient conduit à des résultats exceptionnels, non seulement pour elle mais pour toute son équipe. Elle savait que diriger avec bienveillance, espoir et optimisme était contagieux et pouvait transformer l'atmosphère de travail et les interactions avec les clients.

Visualisation Positive

Déterminée à imprégner chaque aspect de son entreprise avec cette énergie, Claire introduisit un exercice quotidien de visualisation positive pour elle-même et son équipe.

1. Commencez chaque journée ou réunion par un moment où chaque personne exprime une intention positive pour la journée à venir.
2. Allouez du temps pour visualiser le succès des projets en cours, en imaginant les étapes et le résultat final souhaité.
3. Encouragez l'équipe à noter les réalisations qui semblent liées à leur état d'esprit et à leurs intentions positives.
4. À la fin de la semaine, prenez un moment pour célébrer les intentions qui se sont concrétisées et discutez de la manière dont elles ont influencé le travail et l'atmosphère de l'atelier.

En préparant l'atelier pour l'arrivée de ses employés, Claire réfléchissait à l'effet papillon de ses intentions et de ses actions. "Les intentions positives," écrivit-elle, "sont les graines d'où germent les actions les plus nobles, et chaque geste bienveillant peut déclencher des ondes de changement positif dans le monde entier."

Avec cette pensée, Claire était prête à accueillir ses employés et à les inspirer avec sa vision et son énergie positives, sachant que ces qualités étaient aussi essentielles à la réussite de l'entreprise que les compétences techniques et le savoir-faire.

En cultivant des intentions positives, les leaders peuvent améliorer leur propre expérience de vie, mais aussi inspirer et influencer positivement ceux qui les entourent.

Chapitre 23 : L'Empowerment des Autres

Les murs de l'atelier résonnaient du son des outils et des conversations animées. Claire, tout en supervisant le travail, réfléchissait à la manière dont elle pouvait habiliter son équipe à prendre plus d'initiatives et à assumer davantage de responsabilités.

L'empowerment, ou la capacité à autonomiser les autres, était pour elle une composante essentielle du leadership moderne.

L'autonomisation à Travers la Confiance

Claire avait toujours cru en la force de son équipe, reconnaissant que chaque membre apportait des compétences et des perspectives uniques. Elle savait que la confiance était un puissant moteur d'empowerment : en faisant confiance à son équipe, elle les encourageait à se dépasser et à innover.

Empowerment

Pour encourager l'empowerment au sein de l'atelier, Claire développa un exercice de délégation responsable, visant à renforcer la confiance et l'indépendance de ses employés.

1. Identifiez les points forts de chaque membre de l'équipe et les domaines où ils peuvent exceller avec plus d'autonomie.
2. Attribuez des projets pilotes à des employés ou à des petites équipes, leur donnant la liberté de les gérer de manière indépendante tout en restant disponibles pour des conseils.
3. Mettez en place des lignes directrices claires pour la délégation, définissant les attentes, les limites et les critères de réussite.
4. Fournissez un feedback constructif régulier pour encourager l'amélioration continue et célébrez les succès pour renforcer l'empowerment.

À la fin d'une journée productive, Claire prit un moment pour apprécier les progrès réalisés par son équipe. "L'empowerment," nota-t-elle avec un sentiment de fierté, "est l'acte de passer le flambeau, non pour se décharger, mais pour éclairer les chemins de l'indépendance et de la croissance personnelle."

Elle mettait également un point d'honneur à reconnaître et à célébrer les réussites individuelles et collectives. Cette reconnaissance contribuait non seulement à renforcer la confiance en soi des employés, mais également à créer une culture d'équipe positive et collaborative.

Un leadership participatif implique son équipe dans les processus de décision importants.

Chapitre 24 : La Persuasion Éthique

Claire se préparait pour une réunion importante avec des investisseurs potentiels. Elle avait toujours eu une certaine réticence à persuader les autres, craignant que cela ne frôle la manipulation.

Cependant, elle avait appris que la persuasion pouvait être pratiquée de manière éthique et respectueuse, alignée avec ses valeurs et celles de son atelier.

La Persuasion Alignée sur les Valeurs

Elle voulait que l'atelier prospère, mais pas à n'importe quel prix. Ses arguments pour les investisseurs seraient basés sur l'honnêteté, la transparence et la vision partagée d'un avenir où l'entreprise contribue positivement à la société.

Communication Convaincante

Afin de préparer son équipe à des situations similaires, Claire instaura un atelier de communication convaincante, où l'éthique serait au cœur de chaque message.

1. **Commencez par définir clairement les valeurs fondamentales de l'entreprise que toute communication doit refléter.**
2. **Construisez vos arguments autour de faits solides, d'histoires inspirantes et d'exemples concrets qui illustrent vos valeurs.**
3. **Entraînez-vous à présenter vos arguments de manière claire et confiante, en prêtant attention au langage corporel et au ton de la voix.**
4. **Après chaque exercice de persuasion, recueillez des feedbacks et révisez vos techniques pour améliorer l'authenticité et l'impact de votre communication.**

Après la réunion, Claire était satisfaite. Elle avait présenté son cas avec passion et intégrité, et les investisseurs avaient réagi positivement. Dans son bureau, elle griffonna une nouvelle maxime : "La persuasion éthique est l'art de gagner des cœurs et des esprits sans perdre son âme."

Claire croyait fermement que la persuasion éthique reposait sur la transparence, l'honnêteté et le respect mutuel. Elle pratiquait la persuasion non pas pour imposer ses idées, mais pour partager sa vision et ses convictions, tout en restant ouverte aux opinions et perspectives des autres. Cela impliquait de communiquer clairement ses intentions, de présenter des arguments bien fondés et d'écouter activement les réactions de son équipe.

La persuasion, lorsqu'elle est pratiquée avec intégrité, est un outil puissant pour rassembler les personnes autour d'une vision commune et pour piloter le changement de manière positive

Chapitre 25 : L'Impact par le Leadership de Service

Claire ajustait délicatement l'aiguille d'une montre vintage lorsque l'idée lui vint. Elle avait longtemps considéré le service comme la base de son commerce, mais elle commença à voir le service sous un nouveau jour, comme un fondement de son leadership.

Elle aspirait à servir non seulement ses clients mais aussi sa communauté et ses employés, à devenir un modèle de leadership serviteur.

L'Éthique du Service

Elle réfléchit à la manière dont elle pouvait intégrer l'éthique du service dans chaque aspect de son entreprise. Cela impliquait d'écouter activement les besoins des autres, de favoriser leur croissance et de contribuer au bien-être de l'équipe.

Leadership Serviteur

Pour insuffler cette philosophie dans l'atelier, Claire décida de mettre en place des initiatives qui reflétaient le leadership de service.

1. Organisez des sessions où les employés peuvent exprimer librement leurs idées et préoccupations, et où les leaders pratiquent l'écoute active.
2. Encouragez le mentorat inversé, où les employés plus jeunes ou moins expérimentés partagent leurs perspectives avec la direction.
3. Impliquez l'équipe dans des projets de bienfaisance ou communautaires qui apportent une contribution positive à l'extérieur de l'entreprise.
4. Mettez en place un programme de reconnaissance pour ceux qui vont au-delà de leurs fonctions pour aider leurs collègues et améliorer l'environnement de travail.

En fin de journée, Claire se sentait inspirée par les changements qu'elle voyait. Elle écrivit dans son journal personnel : "Le leadership de service n'est pas une stratégie, c'est une vocation ; dans chaque acte de service se trouve la véritable essence du pouvoir d'un leader."

Le leadership de service, pour Claire, était aussi une question d'humilité. Elle était prête à se retrousser les manches et à travailler aux côtés de son équipe, montrant qu'aucun travail n'était trop petit ou insignifiant pour elle. Cette approche renforçait le respect mutuel et démontrait que chaque rôle dans l'atelier était essentiel et valorisé.

Le leadership de service favorise l'autonomisation, le respect et le soutien mutuel.

Chapitre 26 : L'Influence et la Responsabilité Sociale

Claire parcourait les nouvelles initiatives de responsabilité sociale de son entreprise. Elle avait toujours voulu que son entreprise soit plus qu'un simple commerce ; elle voulait qu'elle soit une force de bien dans la communauté.

Maintenant, elle voyait clairement l'influence qu'elle et son entreprise pouvaient avoir.

La Responsabilité Sociale en Pratique

Elle travaillait avec des organisations locales pour créer des programmes de recyclage des montres et pour encourager l'artisanat local. Claire savait que ces initiatives n'étaient pas seulement bonnes pour l'environnement et la société, elles étaient bonnes pour les affaires aussi.

Engagement Social

Pour encourager son équipe à s'impliquer, Claire lança un programme d'engagement social qui permettait à chaque employé de contribuer d'une manière qui lui tenait à cœur.Dans son entreprise, cela se traduisait par des pratiques commerciales éthiques, une attention particulière à la durabilité environnementale, et un engagement envers le bien-être social.

Claire faisait des choix conscients pour s'approvisionner en matériaux de manière responsable, minimiser l'empreinte écologique de son atelier, et s'engager dans des initiatives communautaires qui soutenaient l'éducation, l'art et le développement local.

Elle encourageait également son équipe à participer à ces efforts, leur donnant l'occasion de contribuer à des projets sociaux et environnementaux. Claire comprenait que la responsabilité sociale devait être un effort collectif, et en impliquant son équipe, elle renforçait un sentiment de fierté et de connexion avec la communauté.

1. **Laissez chaque membre de l'équipe identifier une cause sociale ou environnementale qui lui tient à cœur.**
2. **Planifiez des activités ou des initiatives qui soutiennent ces causes et qui peuvent être intégrées dans les opérations de l'entreprise.**
3. **Recherchez des partenariats avec des organisations locales ou des ONG qui travaillent dans ces domaines.**
4. **Créez des rapports réguliers sur l'impact des actions de responsabilité sociale de l'entreprise, pour évaluer et communiquer les résultats à toute l'équipe.**

Pour Claire, la responsabilité sociale n'était pas une simple clause ajoutée à son modèle d'entreprise ; c'était une composante intégrale de sa vision et de ses valeurs.

Les entreprises et leurs leaders peuvent jouer dans la promotion d'un changement positif.

Chapitre 27 : La Sagesse du Pouvoir Partagé

Les premiers rayons du matin baignaient l'atelier d'une lumière dorée tandis que Claire rassemblait son équipe pour une réunion spéciale.

La croissance récente de l'atelier avait amené Claire à une prise de conscience cruciale : le véritable pouvoir ne réside pas dans la centralisation, mais dans le partage de l'autorité et de la responsabilité.

Cultiver le Partage du Pouvoir

Claire avait toujours valorisé la collaboration, mais elle souhaitait maintenant aller plus loin en partageant réellement le pouvoir décisionnel. "Un leader", disait-elle, "devient grand non pas en raison de son pouvoir, mais par sa capacité à donner du pouvoir aux autres."

Claire croyait fermement que les meilleures idées et solutions émergeaient lorsque les voix de tous les membres de l'équipe étaient entendues et valorisées.

Leadership Collaboratif

Elle mit en place un programme où les décisions importantes étaient prises collectivement, et où chaque membre de l'équipe pouvait diriger un projet ou une initiative.

1. Organisez des ateliers pour former les membres de l'équipe aux principes du leadership collaboratif et partagé.
2. Mettez en place un système de rotation où les membres de l'équipe peuvent assumer des rôles de leadership dans des projets ou des domaines spécifiques.
3. Instaurez des processus de prise de décision démocratique pour les choix stratégiques, impliquant toute l'équipe dans les discussions.
4. Évaluez l'efficacité de cette approche de partage du pouvoir en observant l'engagement de l'équipe et les résultats des projets.

Claire comprenait que le pouvoir partagé menait à une meilleure implication et satisfaction de l'équipe. En permettant à ses employés de jouer un rôle actif dans le fonctionnement et l'orientation de l'atelier, elle renforçait leur engagement et leur sentiment d'appartenance. Cette approche créait une culture d'entreprise dynamique, où l'innovation et la créativité étaient naturellement encouragées.

Partager le pouvoir ne diminue pas l'autorité d'un leader, mais la renforce en bâtissant la confiance, le respect et l'engagement.

Chapitre 28 : L'Équilibre du Pouvoir

Le succès de l'initiative de leadership partagé avait profondément influencé la vision de Claire sur la gestion de son atelier. Dans la lumière douce de l'après-midi, elle réfléchissait à l'importance cruciale de l'équilibre du pouvoir dans un environnement professionnel.

Cette prise de conscience était née de l'observation que trop de pouvoir concentré en un seul endroit pouvait créer des déséquilibres nuisibles, tandis que sa distribution judicieuse favorisait un climat de responsabilité, de créativité et d'innovation.

Harmoniser le Leadership et la Collaboration

Claire savait que pour que son équipe travaille de manière optimale, elle devait trouver le juste milieu entre guider fermement et permettre la liberté créative.

Elle voulait que son atelier soit un modèle d'équilibre, où la direction claire et l'autonomie individuelle coexistaient en harmonie.

Équilibrage du Pouvoir

Pour maintenir cet équilibre, Claire instaura des pratiques de feedback régulières et des sessions de réflexion collective.

1. **Créez un espace où les employés et la direction peuvent offrir et recevoir du feedback de manière constructive.**
2. **Organisez des réunions régulières où les membres de l'équipe peuvent discuter ouvertement des dynamiques de pouvoir et de leur impact.**
3. **Encouragez chaque employé à développer un plan d'action personnel pour renforcer leur autonomie tout en restant alignés avec les objectifs communs.**
4. **Utilisez les insights collectés lors des sessions de feedback pour faire des ajustements, assurant que le pouvoir reste équilibré et juste.**

Pour Claire, l'équilibre du pouvoir ne signifiait pas seulement partager les responsabilités, mais aussi valoriser et reconnaître les compétences et les perspectives de chaque membre de l'équipe. Elle s'efforçait de créer un environnement où chacun se sentait habilité à prendre des initiatives et à apporter des contributions significatives.

En terminant sa journée, Claire notait ses réflexions sur les événements récents. "L'équilibre du pouvoir", conclut-elle, "est une danse délicate que chaque leader doit maîtriser, trouvant la cadence parfaite entre diriger et laisser danser."

L'équilibre du pouvoir n'est pas simplement une question d'efficacité opérationnelle, mais une composante clé pour bâtir une culture d'entreprise saine

Chapitre 29 : Le Pouvoir de la Reconnaissance

Alors que la semaine s'ouvrait sur une nouvelle série d'activités et de projets, Claire avait choisi de commencer par un événement inhabituel.

Au lieu de la routine matinale des affaires, elle avait organisé une réunion spécialement dédiée à la reconnaissance des efforts de son équipe. Cette initiative était le reflet de sa compréhension profonde du pouvoir transformateur de la reconnaissance dans le milieu professionnel.

Célébrer les Contributions

Claire savait que pour que son équipe travaille de manière optimale, elle devait trouver le juste milieu entre guider fermement et permettre la liberté créative. Elle voulait que son atelier soit un modèle d'équilibre, où la direction claire et l'autonomie individuelle coexistaient en harmonie.

Reconnaissance Approfondie

Claire avait toujours valorisé la reconnaissance comme un outil essentiel de motivation et d'encouragement, mais ses observations récentes lui avaient révélé à quel point cet acte pouvait avoir un impact significatif sur l'ambiance de l'atelier et sur le moral de ses employés.

1. Commencez chaque journée ou réunion avec un tour de table où chacun partage quelque chose qu'il apprécie chez un collègue.
2. Installez un tableau dans la salle de pause où les employés peuvent laisser des notes de reconnaissance pour leurs collègues.
3. Dédiez une partie de l'intranet de l'entreprise aux histoires de succès et aux contributions significatives.
4. Organisez des cérémonies trimestrielles pour reconnaître et récompenser les contributions exceptionnelles.

Pour Claire, la reconnaissance allait au-delà des récompenses matérielles ou des bonus. C'était une question de reconnaissance authentique de la valeur de chacun et de la création d'une culture d'appréciation et de respect mutuel. Elle croyait que cet environnement positif était crucial non seulement pour le bien-être des employés, mais aussi pour la vitalité et l'innovation de l'entreprise.

En fin de journée, Claire sentait que l'équipe était plus unie et motivée que jamais. "La reconnaissance", écrivait-elle dans son journal, "est la monnaie du cœur, elle enrichit celui qui donne et celui qui reçoit."

La reconnaissance renforce l'esprit d'équipe et contribue grandement à la création d'une culture d'entreprise positive et dynamique.

Chapitre 30 : L'Héritage d'un Leader Positif

Alors que le vent d'automne dansait à travers les rues de Doulon, emportant avec lui les feuilles dorées dans une valse mélancolique, Claire se tenait à la fenêtre de son atelier, contemplative. Elle sentait que le temps du changement n'était pas seulement dans l'air, mais aussi dans son parcours en tant que leader. C'était le moment de réfléchir à l'héritage qu'elle souhaitait laisser, un héritage qui dépasserait les frontières de son atelier et toucherait la communauté dans son ensemble.

Pour Claire, l'héritage d'un leader positif n'était pas mesuré en chiffres ou en réussites commerciales, mais plutôt dans l'impact durable de ses actions sur les personnes autour d'elle et sur la société en général. Elle voulait être reconnue comme quelqu'un qui avait non seulement réussi dans son domaine, mais qui avait également contribué à créer un environnement où les valeurs de respect, de croissance et d'innovation étaient cultivées.

Penser à l'Héritage

Elle envisageait des moyens d'ancrer durablement ces valeurs dans son entreprise, en développant des programmes de mentorat, en soutenant des initiatives locales et en instaurant des pratiques commerciales éthiques et durables. Claire souhaitait que son héritage soit celui d'un leadership qui inspire, qui soutient et qui élève les autres.

Claire avait passé des années à construire son entreprise, à affiner son art, à développer son équipe. Maintenant, elle pensait à ce qu'elle laisserait derrière elle, à l'impact durable de ses actions et décisions sur son atelier, sa communauté et son secteur.

L'Exercice de l'Héritage

Pour donner vie à cette notion d'héritage, Claire proposa un exercice à son équipe, les encourageant à réfléchir à leur propre héritage.

1. Demandez à chaque membre de l'équipe de réfléchir à la façon dont ils aimeraient être rappelés dans l'atelier et dans la communauté.
2. Identifiez les actions qui pourraient contribuer à cet héritage et commencez à les mettre en pratique dès maintenant.
3. Encouragez les membres de l'équipe à devenir mentors pour les nouveaux venus, assurant ainsi la transmission des connaissances et des valeurs.
4. Créez un manuel ou un document qui capture l'essence des meilleures pratiques et philosophies de l'atelier pour les générations futures.

Claire clôtura sa journée par une promenade contemplative, réfléchissant à la marque indélébile qu'elle souhaitait imprimer dans le monde.

Pour tout leader visionnaire, l'objectif ultime est de laisser un impact positif durable, un héritage qui continue d'inspirer et de bénéficier bien au-delà de sa présence active.

Epilogue

Les valises de Claire étaient prêtes. Demain, elle s'envolerait pour un pays lointain, non pas en vacances, mais pour entreprendre une mission qui lui tenait à cœur : former un groupe de femmes horlogères. Elle se sentait excitée et nerveuse à l'idée de ce nouveau chapitre, mais elle savait que c'était une progression naturelle de son engagement en tant que leader et mentor.

Claire passerait plusieurs semaines à partager ses connaissances, à encourager ces femmes à développer leurs compétences et à les inspirer à bâtir leur propre avenir dans l'horlogerie. Elle se sentait honorée de pouvoir jouer un rôle dans l'autonomisation de ces artisans émergents.

La veille de son départ, Claire se tenait dans l'atelier vide, se remémorant tous les moments passés entre ces murs. Elle écrivit une dernière maxime dans son carnet, un adieu temporaire à son cher atelier : "Partager notre sagesse est le cadeau ultime d'un leader ; c'est à travers l'enseignement que nous multiplions notre impact et touchons l'avenir."

Avec ces pensées, Claire ferma la porte de l'atelier. Elle savait qu'elle laissait son équipe entre de bonnes mains et que l'atelier continuerait de prospérer en son absence. Elle était prête à étendre son influence bien au-delà de ce qu'elle avait imaginé, prête pour le prochain battement de l'horloge de sa vie.